L'EMPRUNT ÉGYPTIEN

PARIS

AMYOT, EDITEUR, 8, RUE DE LA PAIX

—

26 Juillet 1873

L'EMPRUNT ÉGYPTIEN

Quand on voit un État recourir au crédit pour se créer des ressources, il importe de rechercher les conditions de sécurité que cet État offre aux capitaux auxquels il fait appel. Cette étude doit, pour être complète et juste, considérer en premier lieu la situation politique de l'emprunteur; elle doit en outre demander à quel emploi plus ou moins utile est destiné le produit de l'emprunt projeté; elle doit enfin rechercher dans la situation administrative de cet État les conditions d'honnêteté et de garantie dont l'épargne publique est à bon droit jalouse, et qui sont l'essence même du crédit. Cet ensemble de recherches amène une conclusion qui, suivant qu'elle s'impose à l'esprit, encourage ou effraie le capital. C'est en suivant ce programme que nous allons examiner l'emprunt de 32 millions de livres que le Khédive d'Égypte a récemment conclu avec la maison Oppenheim, neveu et Cⁱᵉ, d'Alexandrie, et dont l'émission commencera le 29 de ce mois.

Quelle est, en premier lieu, la situation politique de l'Égypte ? Cette question se résout pour ainsi dire par elle-même : nos lecteurs savent sans doute apprécier les immenses avantages qui découlent pour l'Égypte de sa situation telle que l'ont créée les actes internationaux et les firmans de Sa Hautesse le Sultan.

En effet, partie intégrante de l'empire Ottoman, l'Égypte jouit de toutes les garanties dont les traités de 1856 couvrent les possessions du Grand-Seigneur; aucune difficulté, de quelque côté qu'elle vînt, ne saurait l'agiter sérieusement, sans intéresser en sa faveur toutes les puissances signataires du traité de Paris. D'un autre côté, les rapports entre l'Égypte et la Turquie sont spécifiés de façon à écarter toute sujétion qui puisse être ou même devenir une cause d'embarras pour le Khédive; ils sont, de plus, établis solidement et n'ont à redouter aucune atteinte arbitraire, car la Sublime-Porte a pris elle-même l'initiative de communiquer officiellement aux grandes Puissances, qui en ont pris acte, le firman récapitulatif des droits reconnus aux vices-rois d'Égypte de par le firman de 1840 et les actes subséquents. Le Khédive et ses successeurs, assurés dans leur gouvernement, dirigent sans conteste ni immixtion d'aucune sorte, les affaires extérieures et intérieures du Pays. L'obligation leur est imposée de faire acte d'hommage au Sultan et d'observer les traités existant entre le gouvernement et la Sublime-Porte et ses alliés ; mais tout ce qui concerne l'administration dans toutes ses branches est du ressort exclusif du gouvernement égyptien. Tel est l'ordre du Sultan, enregistré par les puissances garantes. On sait d'ailleurs que l'Égypte ne contient aucun élément disposé à altérer par la violence une organisation qui s'adapte si bien à sa position géographique, pendant que son gouvernement, exempt des crises politiques tant intérieures qu'extérieures, ne peut avoir ni n'a en réalité d'autre ambition que celle d'étendre les limites productives de ses états, de développer la prospérité de ses ressortissants.

Sous le rapport de la situation politique, l'Égypte jouit donc d'une position que plus d'un Etat européen pourrait envier et les capitaux étrangers peuvent s'y établir sans danger découlant de cet ordre de choses. Que si, arrivant au deuxième point de notre proposition, nous lui demandons l'usage qu'elle se propose de faire de ce demi-milliárd et plus, elle nous montrera la statistique de ses travaux d'utilité publique, elle nous conduira sur son réseau de chemins de fer, elle nous montrera son réseau télégraphique et ses ateliers industriels, elle nous invitera à visiter ses écoles, elle déposera devant nous les registres de ses douanes, et quand nous aurons tout vu, elle nous dira : j'ai donc dans cette dernière période décennale, augmenté mon réseau de chemins de fer de 736 milles anglais, qui sont en pleine exploitation; en outre, 208 milles sont en voie de construction; nul n'ignore les sacrifices que je me suis imposés pour hâter le percement du canal de Suez dont le monde entier tire profit; par les nombreux canaux que j'ai creusés, j'ai, dans le même espace de temps, ajouté à la terre cultivable, une surface supérieure à 300,000 *feddans*; j'ai créé plus de 5,000 kilomètres de lignes télégraphiques, j'ai encouragé l'industrie minière, j'ai introduit des ateliers industriels conformes aux exigences de mon agriculture. En son honneur, l'Égypte, depuis cinq ans, a vu considérablement augmenter le nombre de ses ponts; pour ne citer que les plus importants, qui n'a admiré le pont monumental exécuté au Caire, à Kasr-el-Nil, par les soins de la Compagnie Fives-Lille, et ouvert à la circulation depuis dix-huit mois? D'autres ponts ont encore été construits dans les villes : deux ponts mobiles sur le canal Mahmoudiè, à Alexandrie, deux ponts tournants au Caire sur le canal Ismaïliè ; un autre sur le Nil, à Gisè, de 180 mètres de long et achevé en 1872 ; une foule d'autres ont été construits pour les besoins des railways, et il n'est plus de village où l'on ne puisse arriver en tout temps par une bonne chaussée carrossable et au moyen de ponts sans nombre qui conservent les communications, même pendant la période des inondations de mon Nil béni. Sous le règne de Mehmet-Ali, 3,000 enfants recevaient l'instruction primaire; le savant Regaldi vous a dit, il y a dix ans, que mes écoles en contiennent 60,000 ; Ismaïl-Pacha a construit de nouvelles maisons d'école, et en 1872, M. Dor, le

professeur de pédagogie à Lucerne, a compté près
de 90,000 élèves dans les écoles primaires et élé-
mentaires. J'ai, ajoute l'administration égyptienne,
assaini mes villes par de vastes travaux, je me suis
imposé de grands sacrifices pour préserver mes na-
tionaux du choléra périodiquement importé jadis par
les pélerins de l'Arabie. Grâce à ce concours d'ef-
forts, la mortalité en Égypte n'est que de 2,64 sur
100 habitants, chiffre inférieur à celui de l'Autriche,
de la Russie, de l'Italie et de l'Espagne.

Voilà ce que le Khédive peut, en toute sécurité,
répondre à notre examen, car aucun critique, quelque morose fût-il, ne saurait contester l'évidence.
Il est donc presque superflu de lui demander la destination prochaine du produit de l'emprunt. Tous
ces travaux, qui font la fortune de l'Égypte et dont
le monde entier tire profit, ne se font pas sans de
grandes dépenses; on a beau être Khédive ; quand,
plaçant l'humanité avant l'intérêt, on abolit les cor-
vées, se condamnant soi-même à solder le *fellah*,
quand on réclame à l'Occident ses machines, ses
rails, ses navires, quand on construit des railways
et des ports de mer, quand on crée toutes les insti-
tutions auxquelles nous avons fait allusion, et une
foule d'autres que nous omettons pour ne pas nous
perdre en des longueurs superflues, oui, on a beau

être Khédive, il faut des capitaux, et même des capitaux considérables. Or les pratiques de trésorerie sont communes à toutes les administrations financières : les Bons du Trésor ou toute autre forme de Dette Flottante permettent aux gouvernements intelligents et zélés pour le bien public ce qu'aucun exercice budgétaire ne saurait comporter, et l'emprunt de 32 millions de livres sterling que l'Égypte nous demande, est destiné en majeure partie à consolider cette dette flottante dont nous venons de constater la louable origine. Nous disons en majeure partie, car nous tenons avant tout à être exact et vrai ; or, il ne nous coûte nullement de reconnaître que le produit de l'emprunt n'est pas intégralement nécessaire pour cette consolidation de la Dette Flottante. Il est à notre connaissance qu'une somme de £ 2,000,000 est affectée aux travaux du Port-Vieux d'Alexandrie, confiés à l'entreprise Greenfield et Ce, qui s'engage à les terminer à 1876. Nous croyons savoir, en outre, qu'une somme de £ 4,000,000 est destinée à la construction du chemin de fer du Soudan, dont l'ingénieur Fowler a fait les études et l'avant-projet, et dont les résultats sont incalculables pour le commerce et l'industrie Ce chemin de fer, d'un développement de près de 900 kilomètres, à partir de la deuxième cataracte, apporteia à l'Egypte et par elle à l'Europe, non-seulement l'ivoire, l'ébène, l'or et d'autres produits précieux transportables du vaste intérieur de l'Afrique, mais encore les grains, le sucre, le coton, etc., que produisent les vastes plaines alluviales du Soudan.

Gonsolider les dettes contractées par les travaux d'une utilité publique déjà éprouvée, favoriser la réalisation de projets grandioses dont les avantages sont incontestables, continuer l'essor donné à l'instruction publique dans toutes les communautés, voilà la destination de l'emprunt actuel, et nous estimons que le capitaliste n'hésitera pas à contribuer à ce développement civilisateur en Afrique, pourvu que le sentiment et l'amour du progrès ne soient pas les uniques appâts que la prochaine émission lui offre.

On dit communément que l'argent n'a point de patrie; s'il n'est pas aussi exact de dire que l'argent n'a pas d'entrailles, il est au moins certain qu'il va plus volontiers aux bonnes affaires qu'aux bonnes œuvres. Le Prophète lui-même n'a-t-il pas cru devoir comparer la charité à un prêt fait au bon Dieu? Tant il est vrai que l'intérêt et la sécurité du remboursement sont choses jugées partout dignes de considération. Le gouvernement égyptien empruntant £ nominales 32,000,000 au taux de 7 % et 1 % d'amortissement au pair, offrant au public un revenu total de 9 % environ, grève son budget de £ 2,560,000 par an. Nous croyons qu'il peut aisément contracter un tel engagement, qui ne dépasse nullement ses forces, car nous devons observer tout d'abord que la plus forte partie de l'emprunt n'est qu'une conversion de Dette Flottante en Dette Consolidée, c'est-à-dire, une conversion d'une dette plus onéreuse en une dette moins onéreuse. Pour les travaux déjà exécutés ou encore en voie d'exécution que nous avons énumérés ci-dessus, l'administration égyptienne a contracté des dettes qui, d'ores et déjà, grèvent son budget. La charge qui résulte de l'Emprunt devient donc moindre pour cette partie, et elle n'est absolument nouvelle que pour la portion afférente aux travaux qui sont restés en voie d'exécution ou qui sont encore à l'état de projet. Nous n'en saurions certes préciser la proportion respective, car nous ne sommes nullement dans les secrets de la comptabilité du *Maliè-Naziri* du Caire ; quelle qu'elle soit, on ne doit pas perdre de vue que l'amortissement complétement effectué depuis six mois des *Obligations Medjidiés*, le remboursement final de l'*Emprunt Chemin de fer* 1866 dans le courant de la présente année et la suppression de la Dette flottante, créent une marge assez large où le service des intérêts et de l'amortissement du nouvel emprunt trouveront à se caser en plus grande partie.

Quoi qu'il en soit, et le prochain budget nous éclairera complètement à ce sujet, nous ne croyons pas téméraire d'avancer que le budget égyptien est assez puissant pour supporter une augmentation de son passif. Les chemins de fer, les canaux, les ponts, les ports, les télégraphes, les postes, les navires, les aqueducs, etc., ne sont pas faits exclusivement, ce nous semble, pour l'agrément des touristes, ou pour entretenir les ingénieurs et leurs troupes de conducteurs, d'employés et d'ouvriers. Ces grands travaux ont d'autres résultats ; nous en avons plus haut signalé quelques-uns à l'attention du lecteur. Ici, où il est question de chiffres, il est convenable de démontrer par des chiffres, cette éloquence du coffre-fort, les résultats de ces travaux sur le développement de la prospérité en Égypte.

Ils sont tirés des *Annales du commerce extérieur* publiées par le gouvernement français, des *Mémoires de la Société Impériale Russe de géographie*, des *Preussisches Handelsarchiv,* et des registres des douanes égyptiennes. De cet ensemble de documents comparés entre eux par un savant économiste, il appert que l'exportation d'Égypte qui a été de 65 millions de fr. en moyenne par an pour la période décennale 1853-1862, est montée en moyenne à 300 millions de fr. pour la période de 1863-1872 ; l'exportation a donc quintuplé, et elle augmente d'une façon constante. Voici d'ailleurs les chiffres précis pour le port d'Alexandrie, le principal port du commerce d'importation et d'exportation :

Valeur totale des Importations et Exportations d'Alexandrie.

ANNÉES.	IMPORTATIONS.	EXPORTATIONS.
	Piastres.	Piastres.
1860.	248.212.795	268.893.302
1861.	291.224.087	372.943.584
1862.	319 002.073	668.828.398
1863.	399.671.501	834.649.643
1864.	502.100.831	1.380.554.083
1865.	516.323.011	1.298.472.180
1866.	497.031.729	1.033.904.025
1867.	539.620.512	966.911.467
1868.	531.621.242	974.810.150
1869.	517.287.545	1.472.810.400
1870.	485.173.326	1.074.342.100
1871.	560.919.609	902.340.900
1872.	590.291.489	1.334.323.900

Cette exportation consiste principalement en cotons, grains, sucres et autres produits du sol ou de l'industrie connexe avec l'agriculture ; la valeur de l'exportation est déjà plus du double de celle de l'importation. La balance du commerce s'établit donc en faveur de l'Égypte et se solde par une importation correspondante de numéraire. Le tableau ci-après qui a été dressé sur les données fournies par les deux plus grandes compagnies de navigation en fait foi :

IMPORTATION ET EXPORTATION DE NUMÉRAIRE.

ANNÉES.	NUMÉRAIRE IMPORTÉ.			NUMÉRAIRE EXPORTÉ.		
	PAQUEBOTS des messageries maritimes.	PAQUEBOTS de la Compagnie péninsulaire.	ENSEMBLE.	PAQUEBOTS des messageries maritimes.	PAQUEBOTS de la Compagnie péninsulaire.	ENSEMBLE.
	francs.	francs.	francs.	francs.	francs	francs.
1863	58.029.973	82.353.897	140.383.870	2.354.668	2.636.875	4.991.543
1864	82.000.000	42.313.925	124.313.925	5.766.030	7.157.575	12.923.605
1865	55.000.000	27.546.400	82.546.400	20.400.000	14.050.650	34.450.650
1866	34.205.986	17.624.900	51.830.886	42.600.000	36.256.475	78.856.475
1867	17.796.783	9.783.370	27.580.153	13.265.000	8.425.270	21.690.270
1868	20.942.800	59.503.420	80.446.220	3.737.000	4.037.777	7.774.777
1869	12.042.603	7.401.780	19.444.383	5.090.000	15.901.077	20.991.077
1870	1.260.924	32.138.700	33.399.624	10.615.000	39.371.277	49.986.277
1871	43.965.090	20.123.700	64.088.790	5.946.800	4.432.500	10.379.300
1872	40 405.937	22.564.584	62.970.521	596.204	3.169.950	3.766.154
TOTAL.	365.650.096	321.354.676	687.004.772	110.370.702	135.439.426	245.810.128

TOTAL du numéraire importé les 10 dernières années.... 687.004.772 fr.
—   —   exporté......................... 245.810.128

EXCÉDANT de l'importation sur l'exportation............. 441.194.644 fr.

Soit en moyenne annuelle 44.119.000

Les autres lignes de navigation entre l'Égypte et l'étranger, qui représentent d'ailleurs un mouvement beaucoup moins grand de numéraire, offrent généralement un excédant de l'importation sur l'exportation.

Tels sont les résultats pratiques de l'attention que

le Khédive consacre aux travaux publics ; telles sont aussi les garanties que le capital étranger est sûr de rencontrer en Égypte. L'intérêt est donc ici d'accord avec la vertu, et nous concluons qu'un appel au crédit fait par un pays en si belle voie de prospérité, jouissant d'une réputation établie d'exactitude, et offrant des garanties aussi solides et une rente aussi élevée, ne saurait manquer de rencontrer bon accueil.

L'emprunt de 1862 qui a été émis à 84, est aujourd'hui côté 93 1/2 ; celui de 1864 est monté de 87 à 97 ; celui de 1868, émis à 75, se côte 87 1/2 à la bourse de Londres. Tous les emprunts égyptiens font prime, tant est grande et légitime la confiance publique. L'emprunt de 1873 bénéficiera à son tour de ces dispositions du marché financier. Telle est notre conviction raisonnée.

Paris. — Imprimerie Moderne (Barthier, directeur), rue J. J.-Rousseau, 61.